INVENTAIRE
V16668

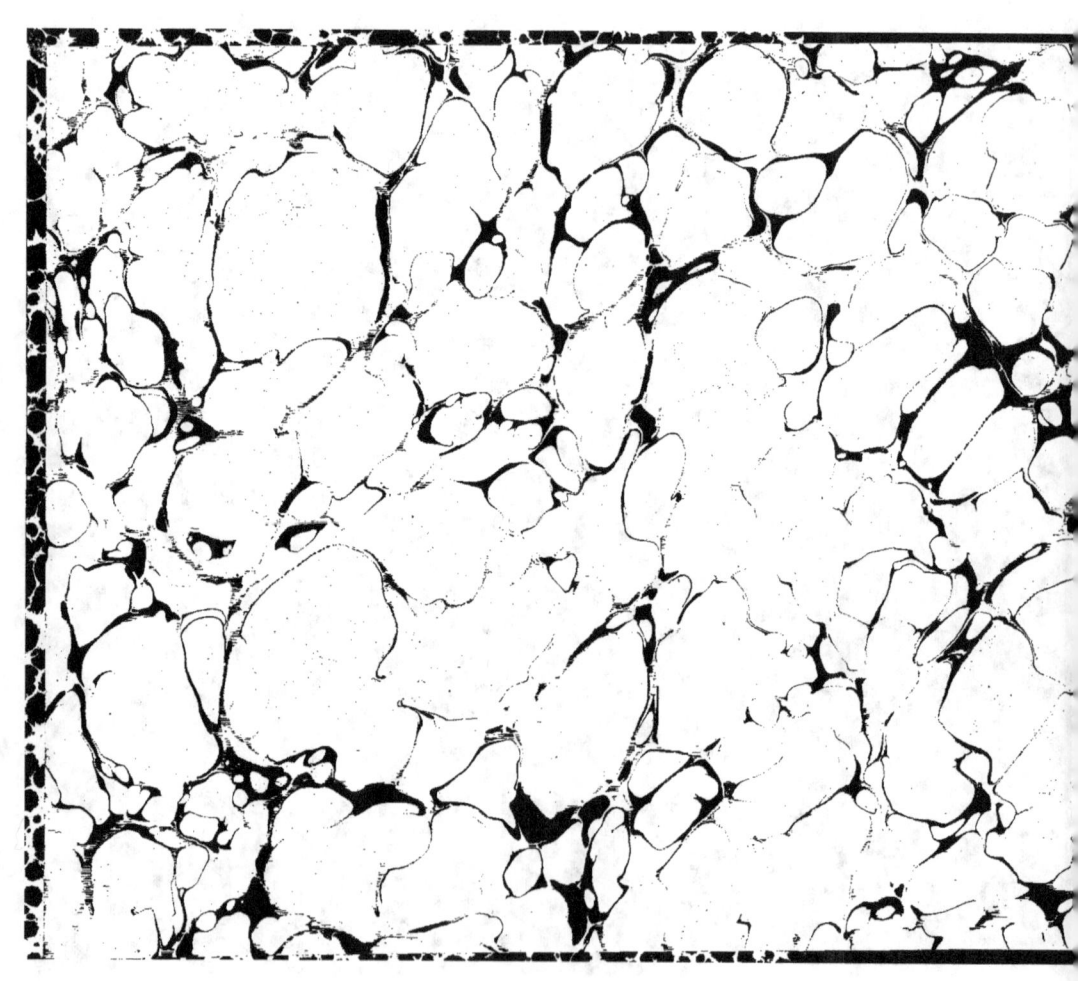

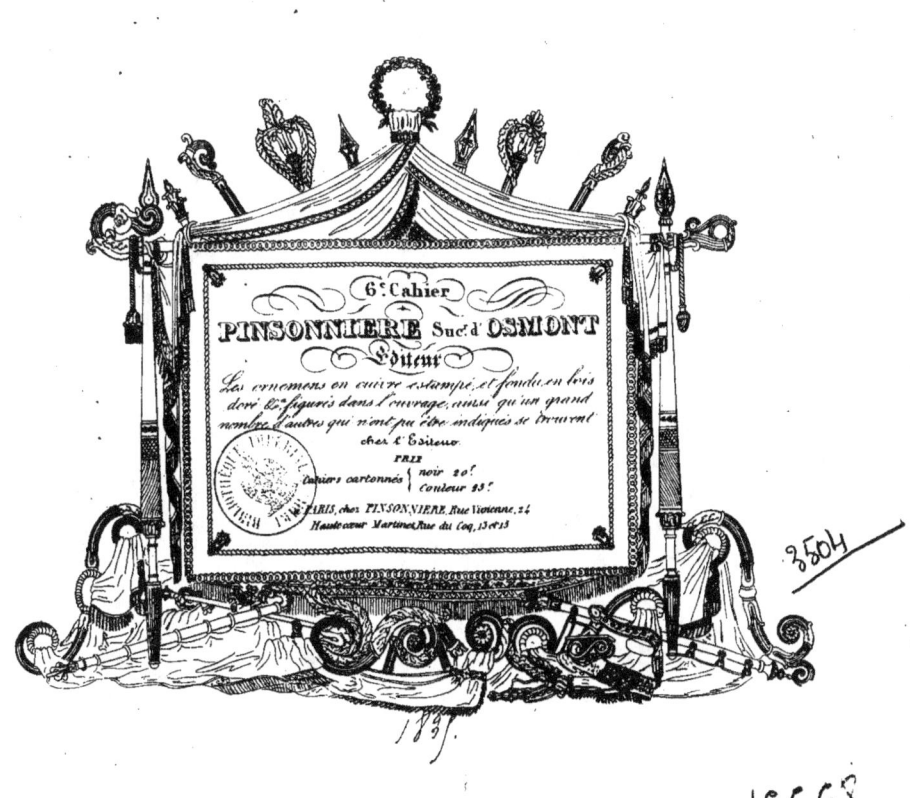

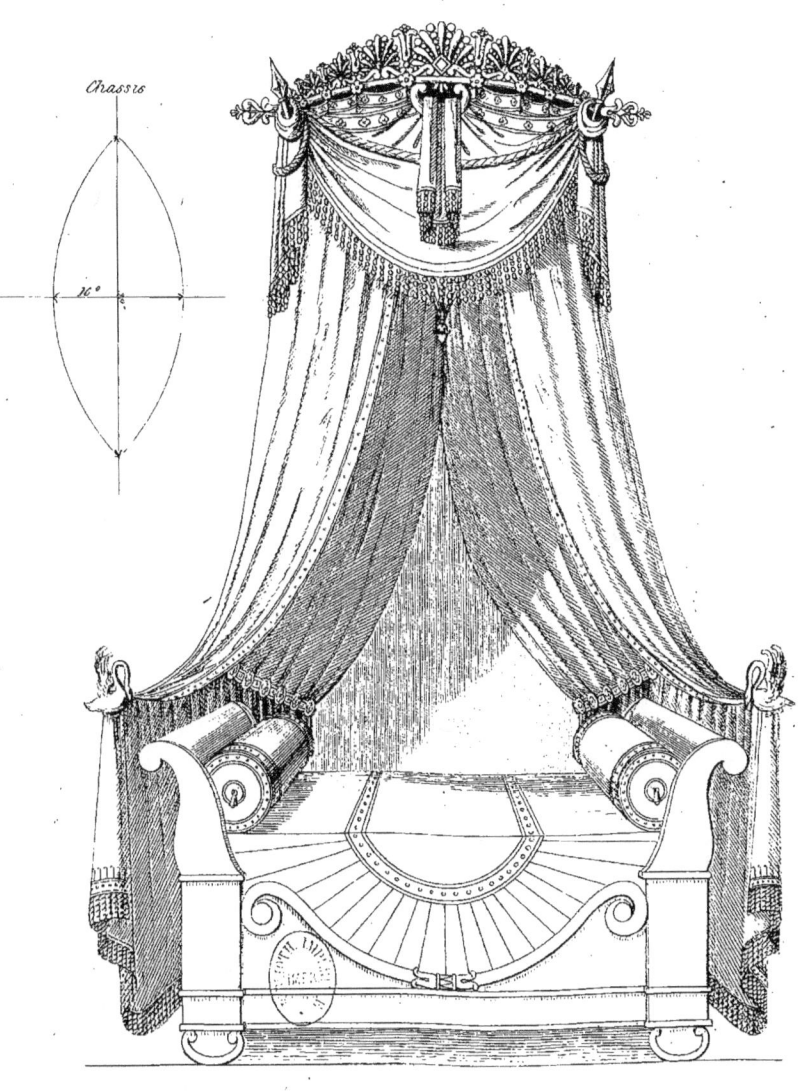

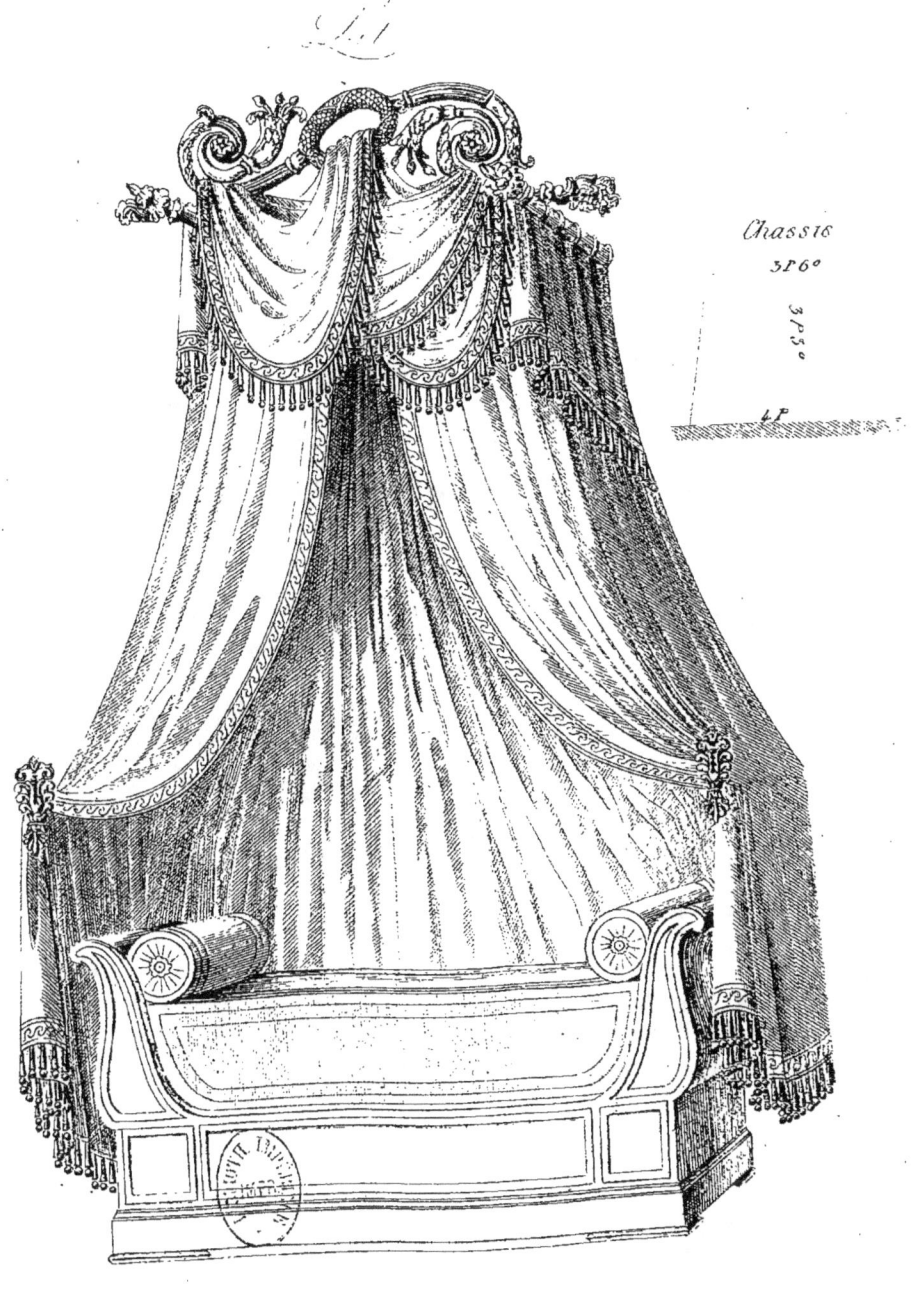

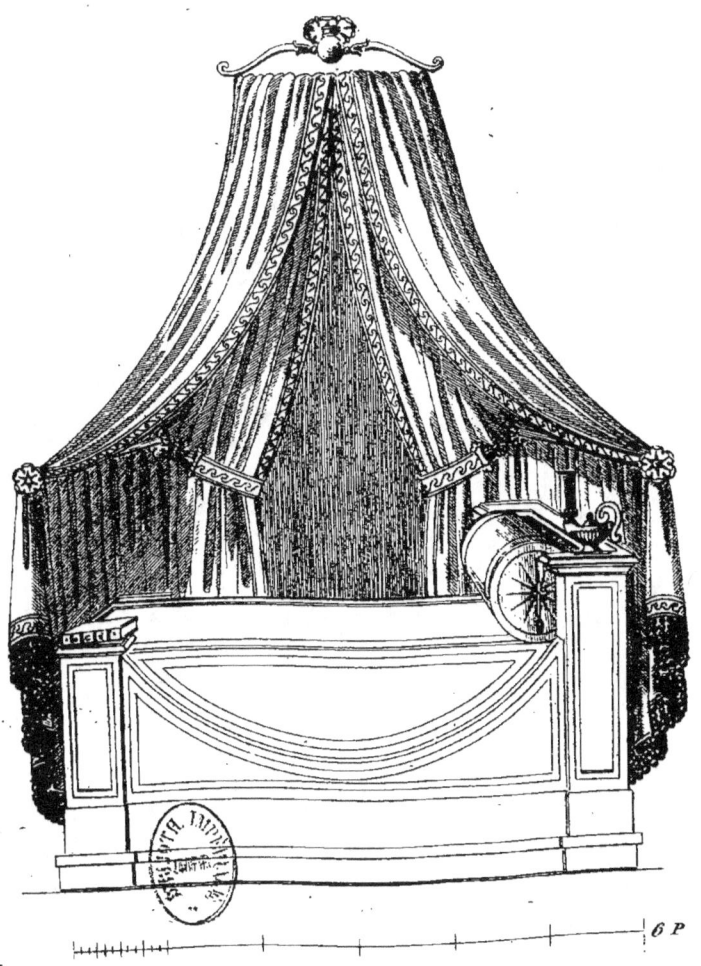

Lit dans un entresol de 8 p. 6 p.

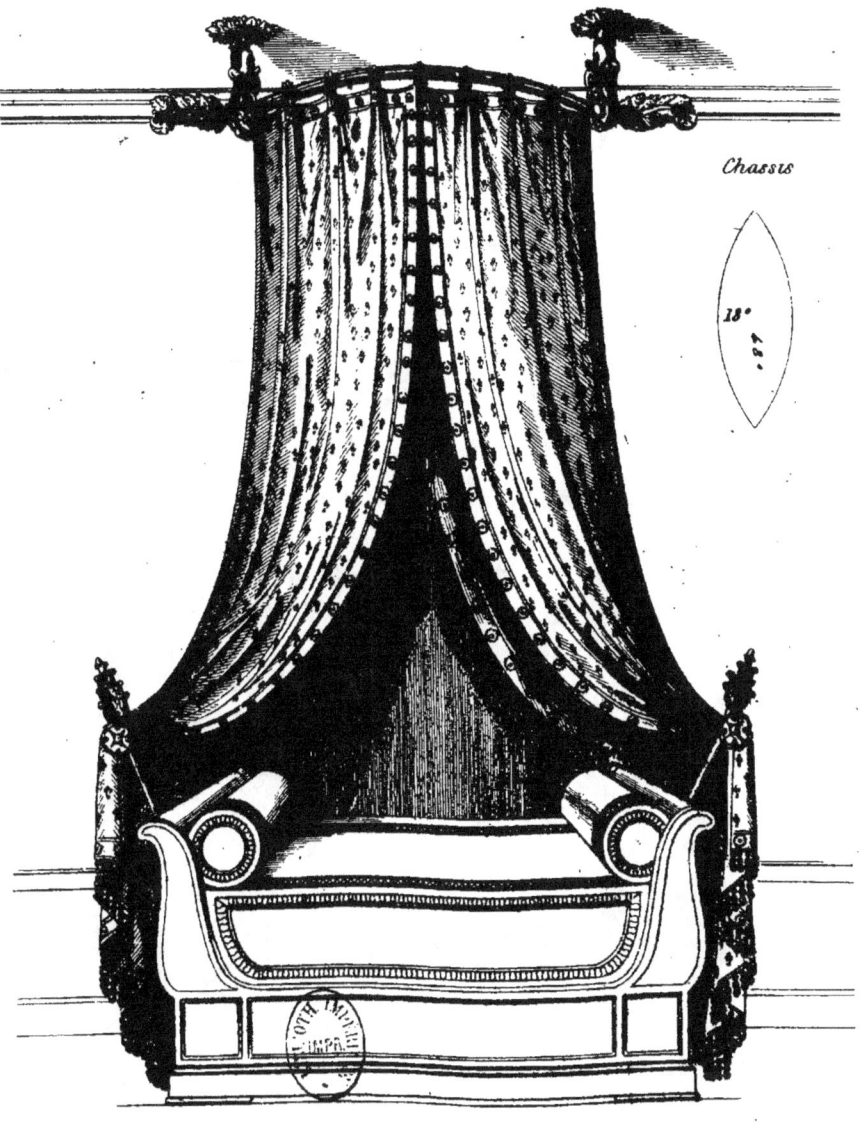

Lit à batons courbes

Chassis

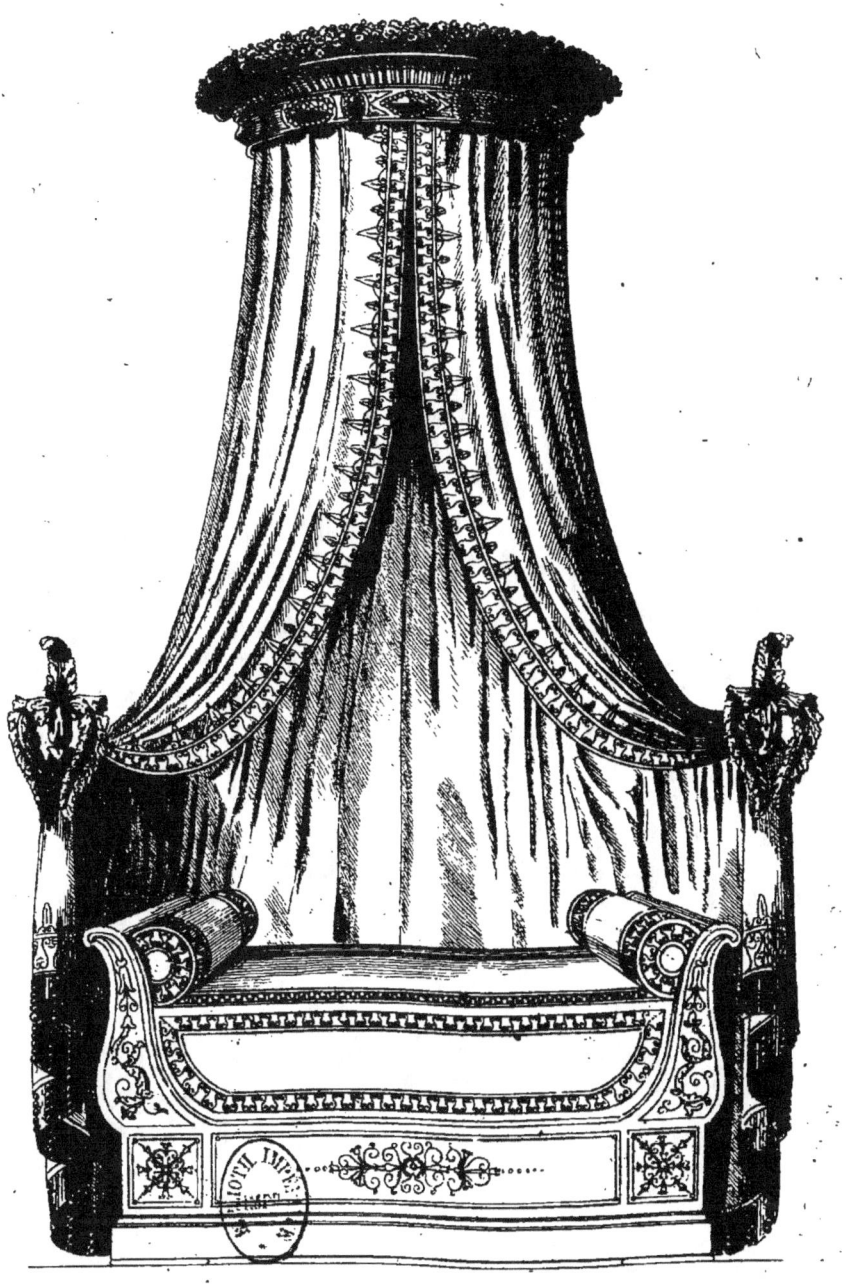

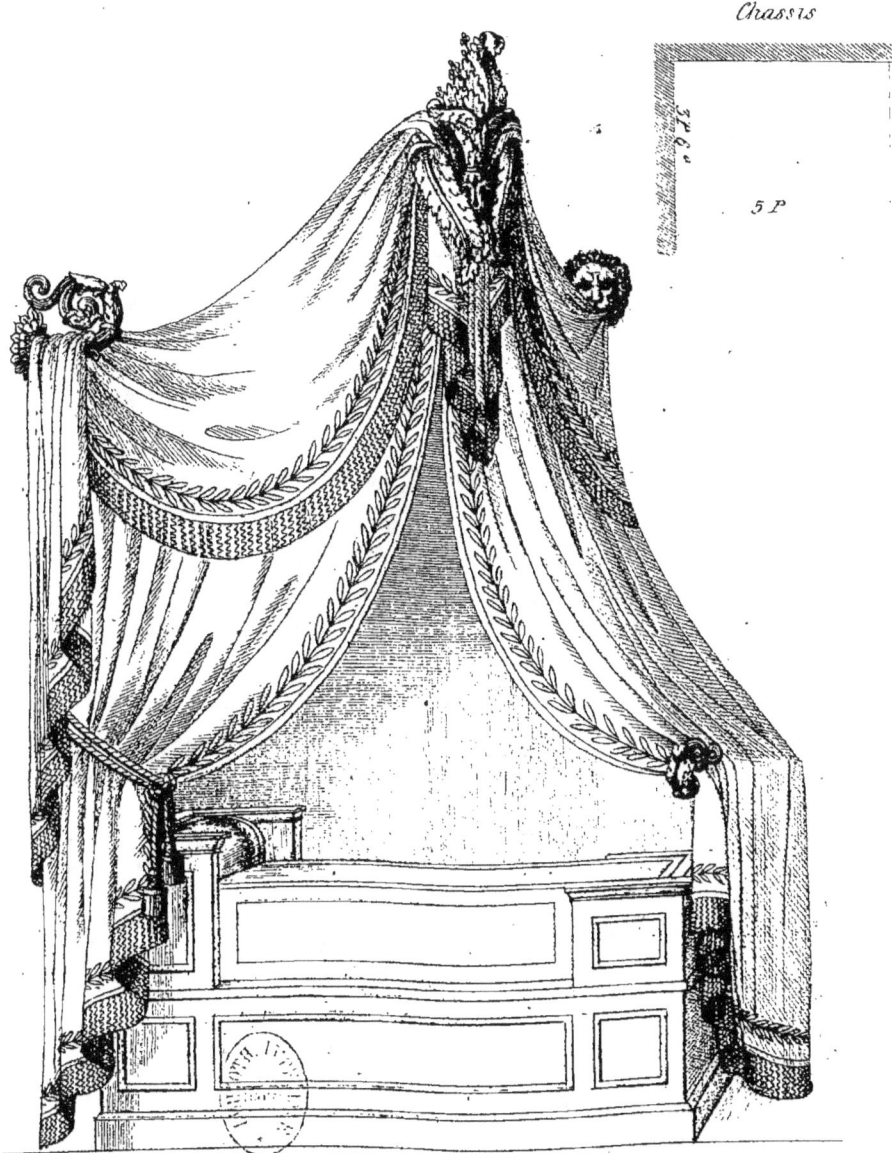

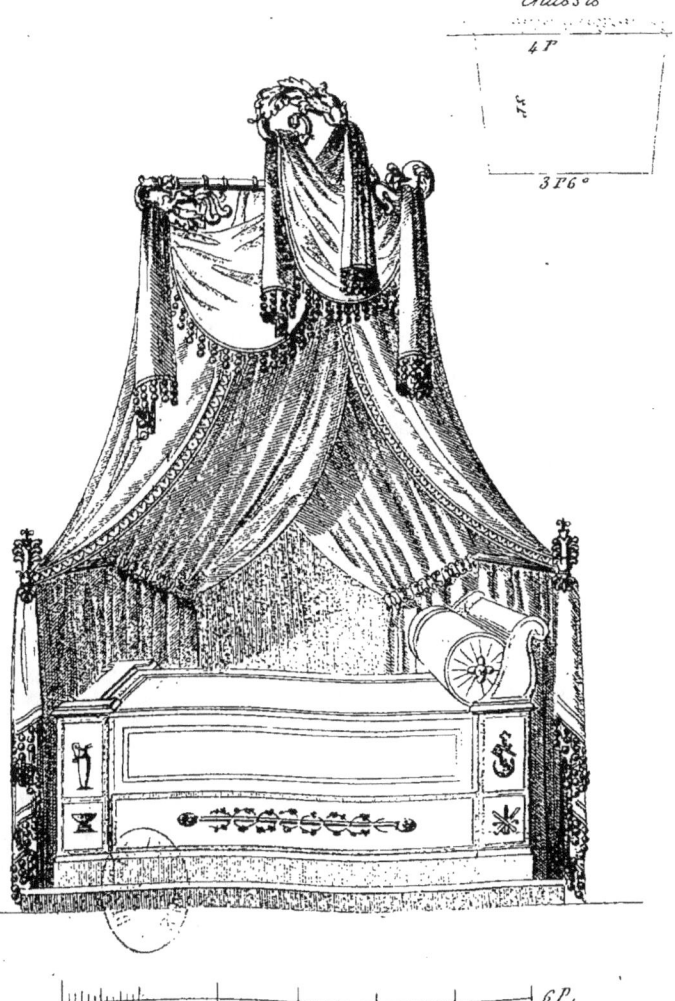

Alcove

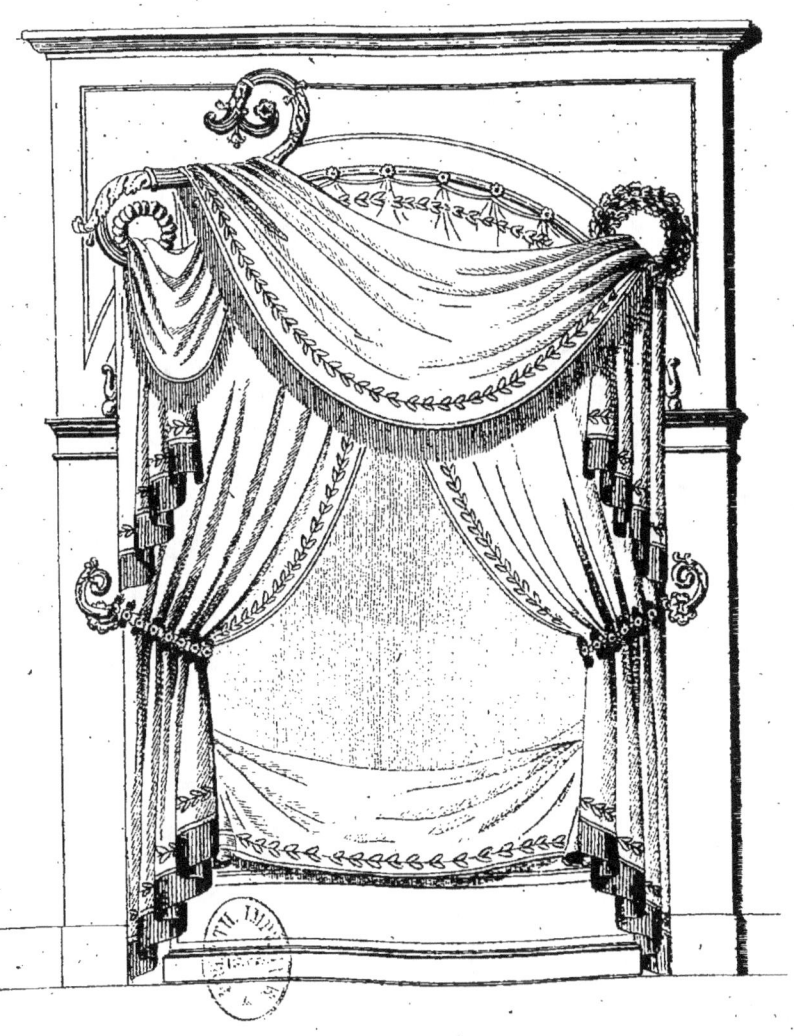

Lit à tulipe avec draperie.

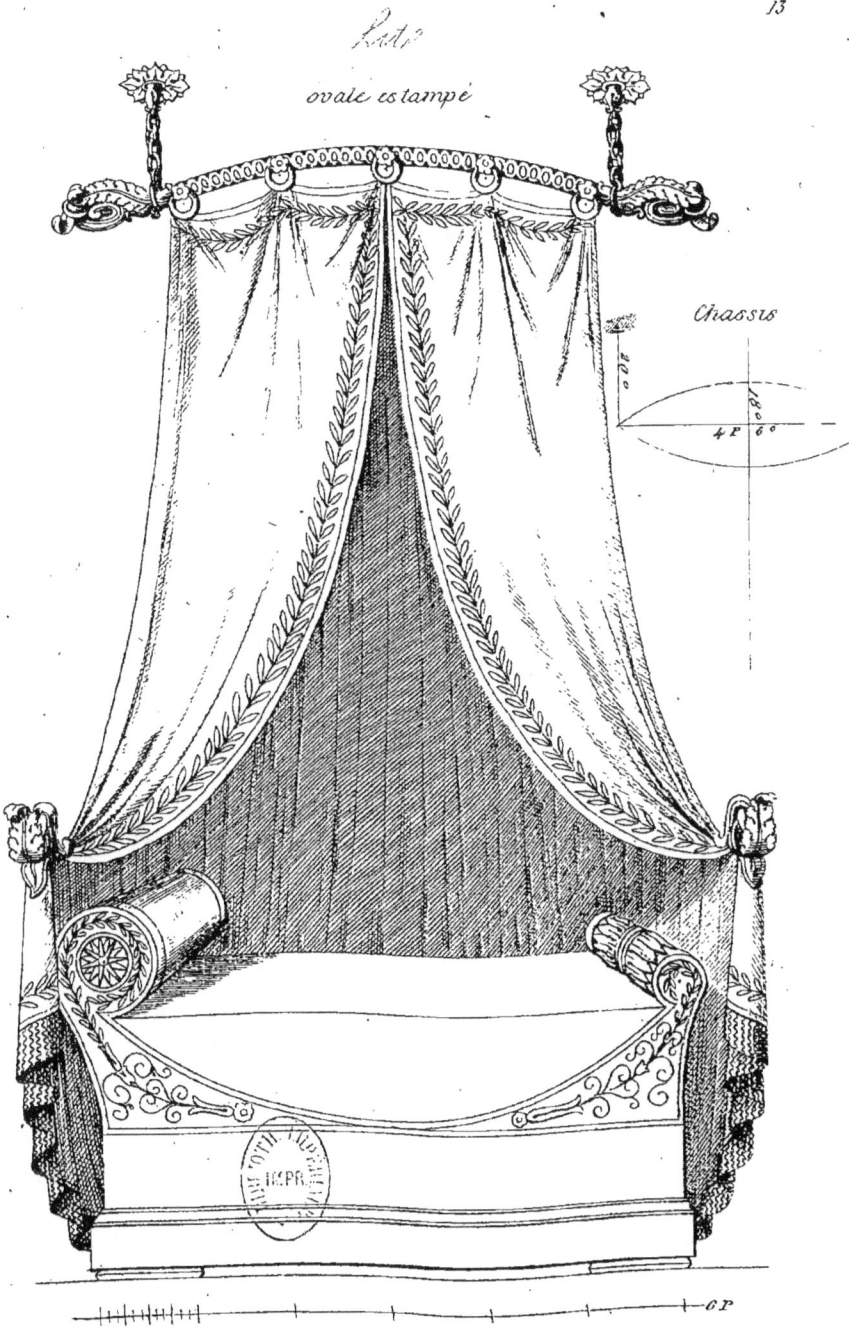

Lit à tulipe

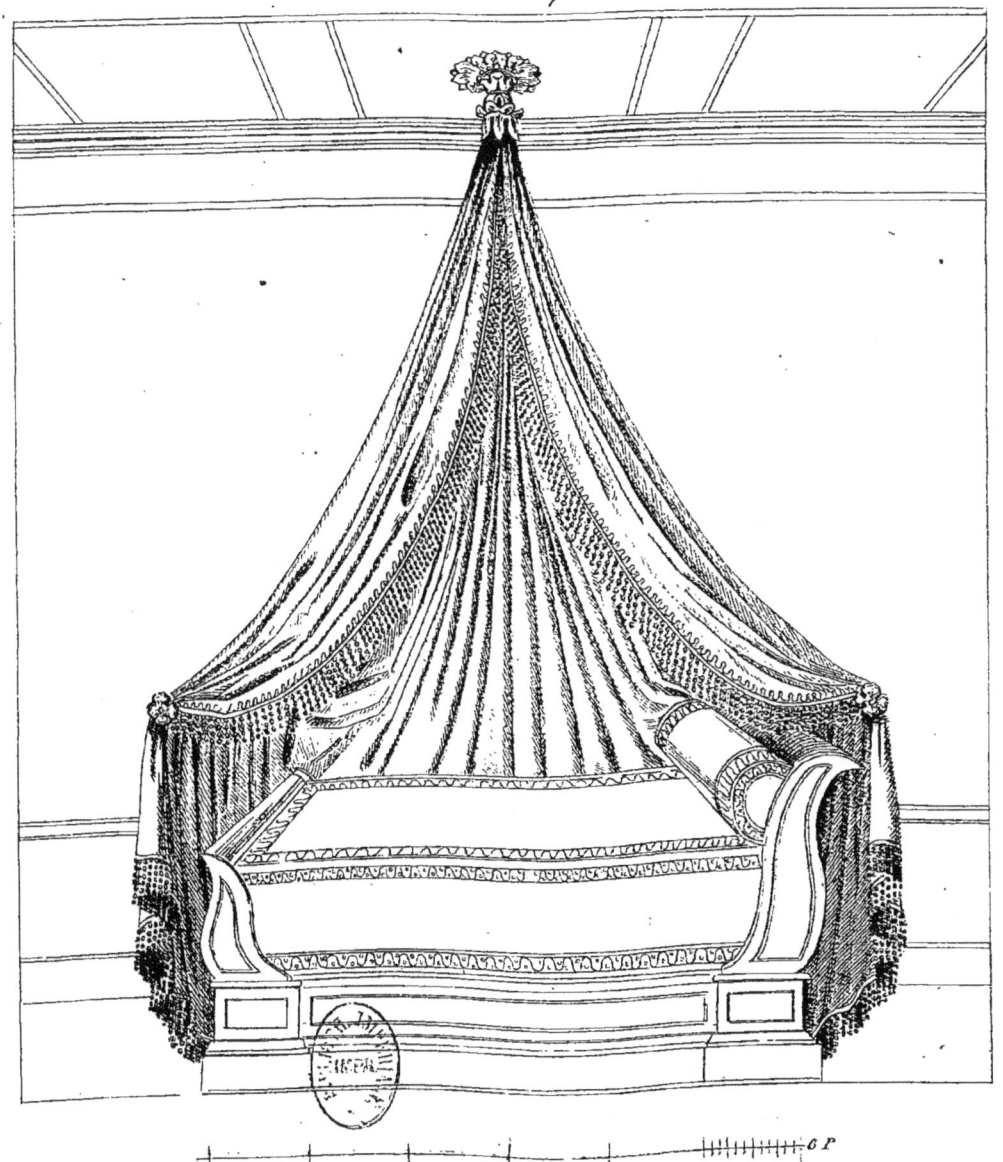

*Lit*

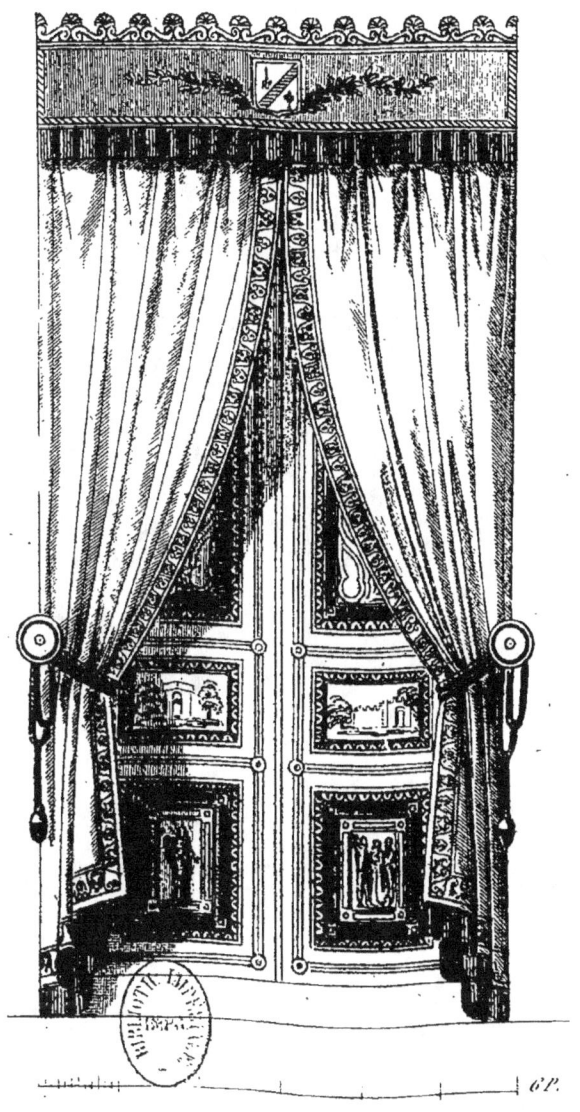

*Portière*

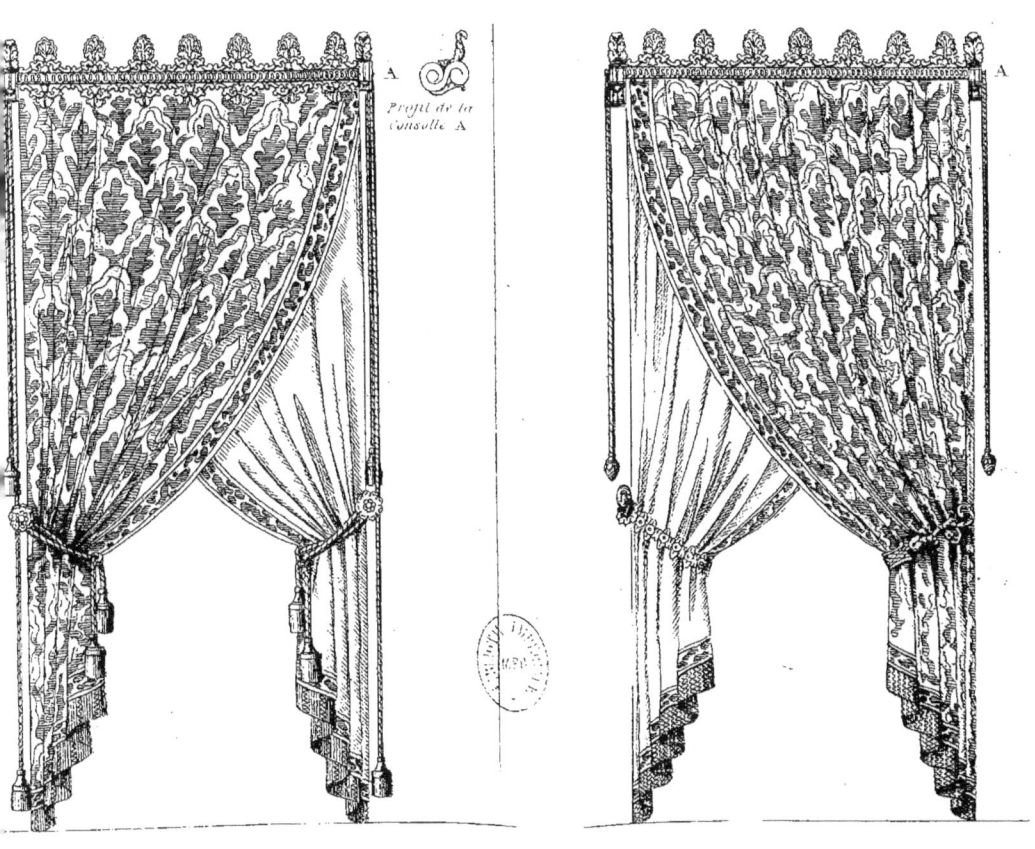

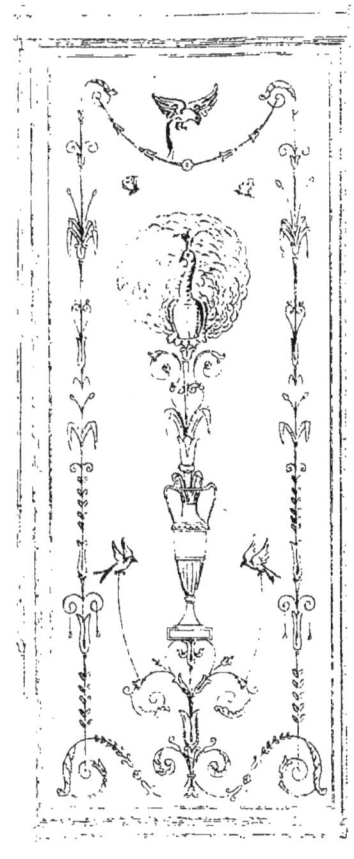

6 P

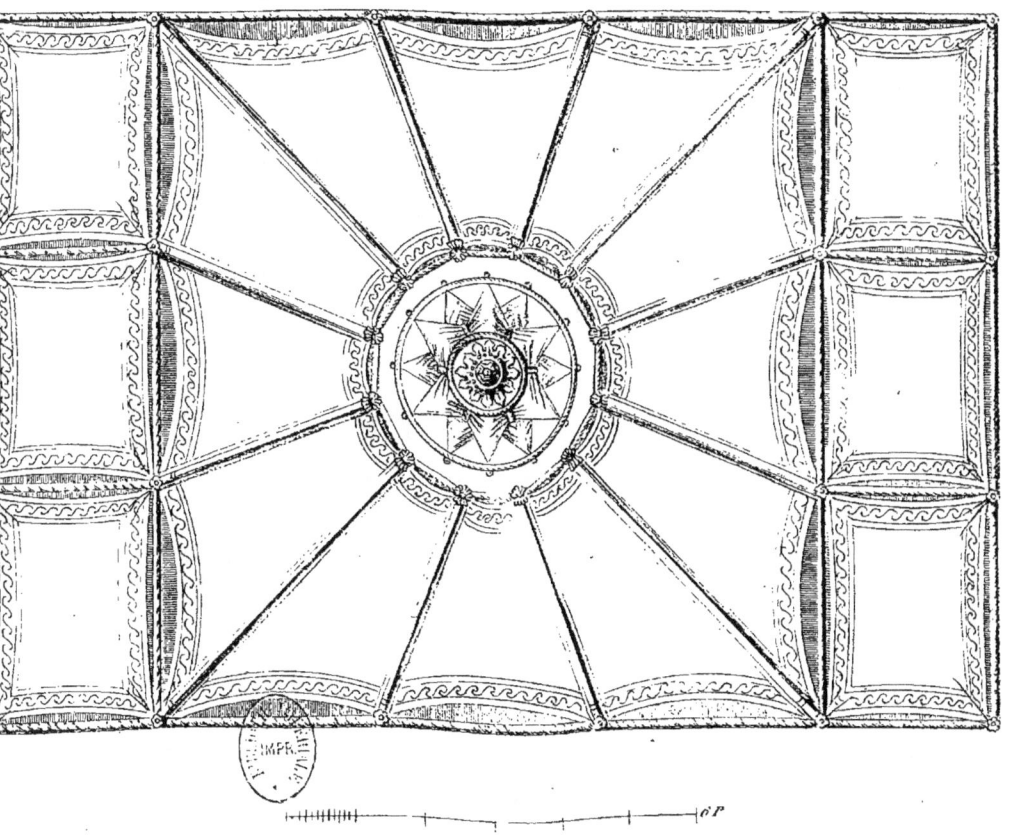

Plafond de Chambre à Coucher

Trois Croisées

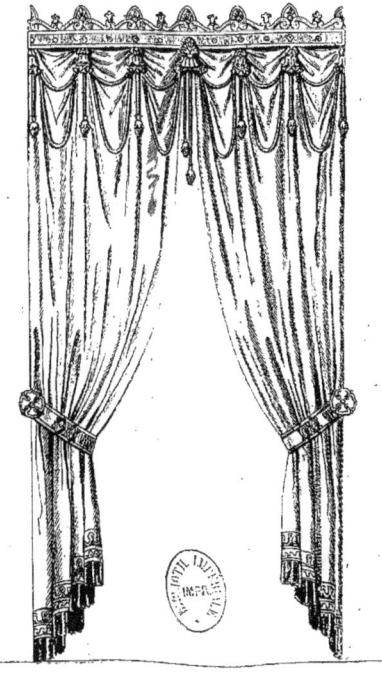

28

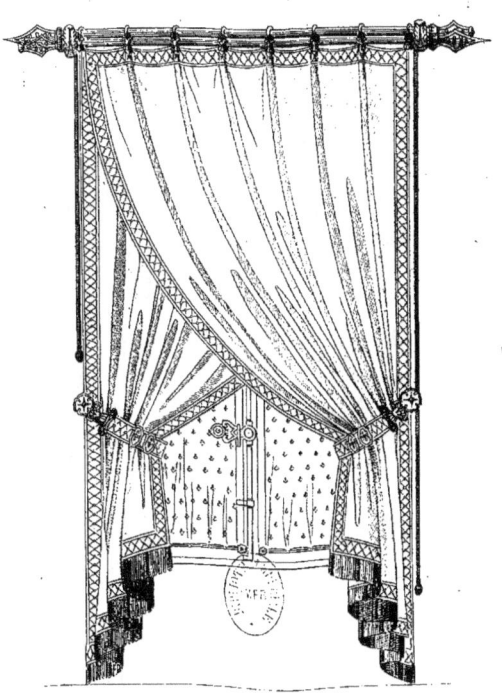

Croisée

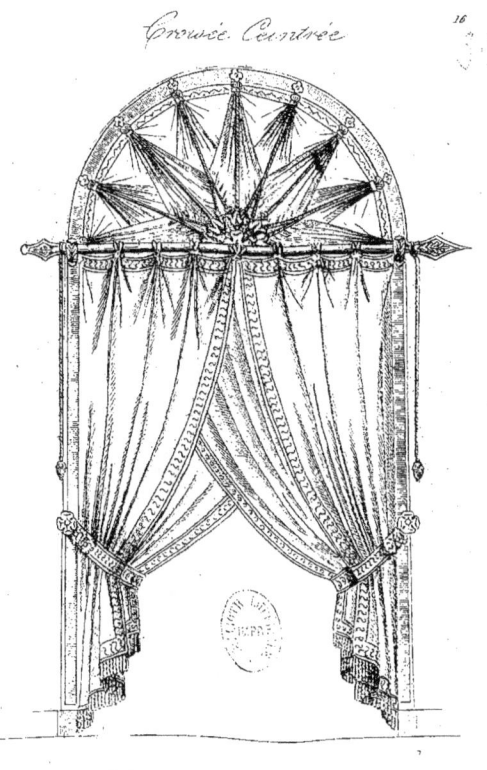

Deux Croisées

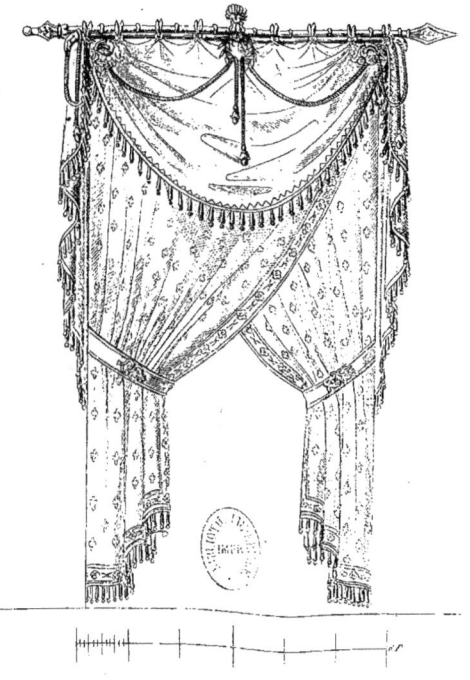

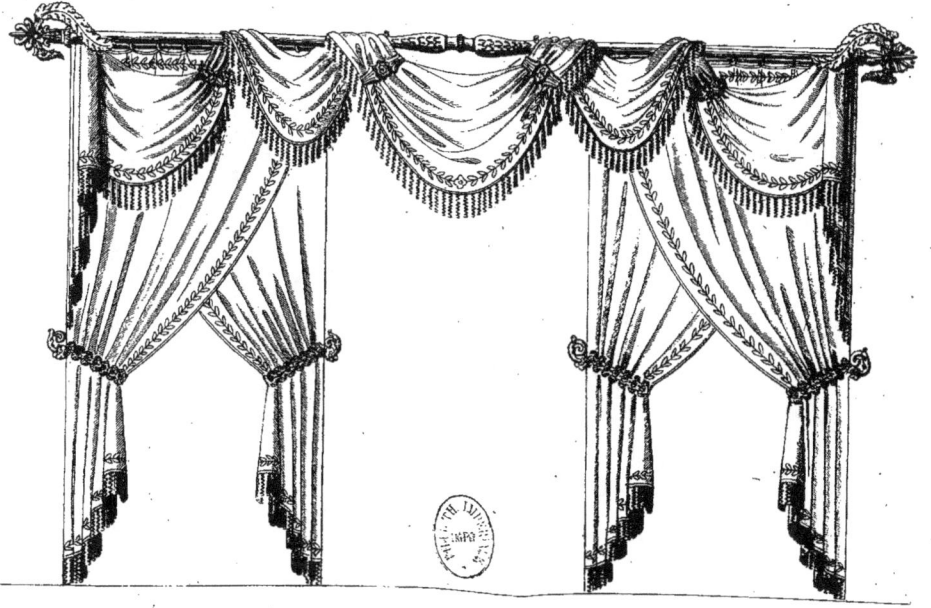

Croisée Ceintrée

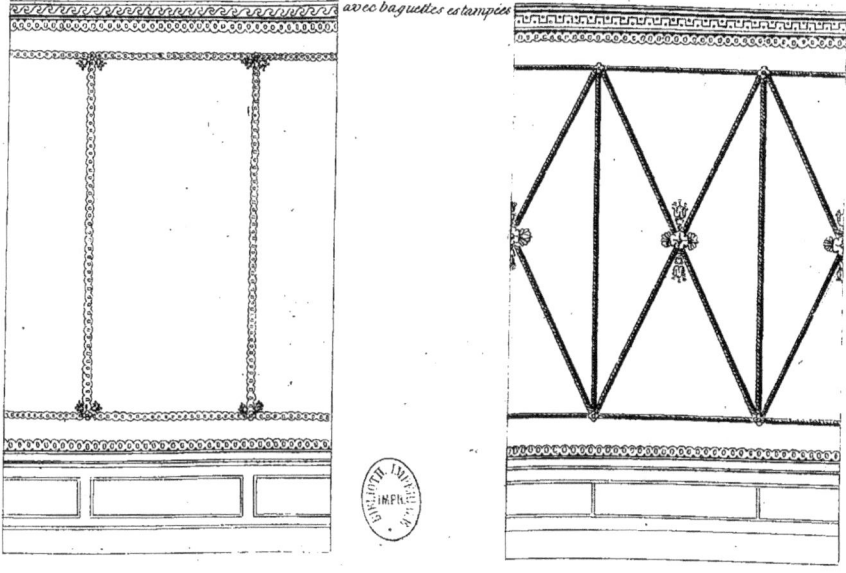

Tentures avec baguettes estampées

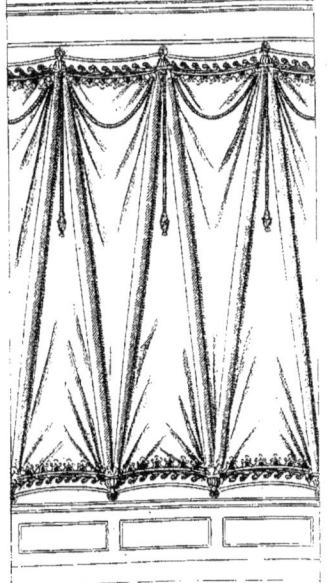

*Tenture*

*Tenture avec pilastres*

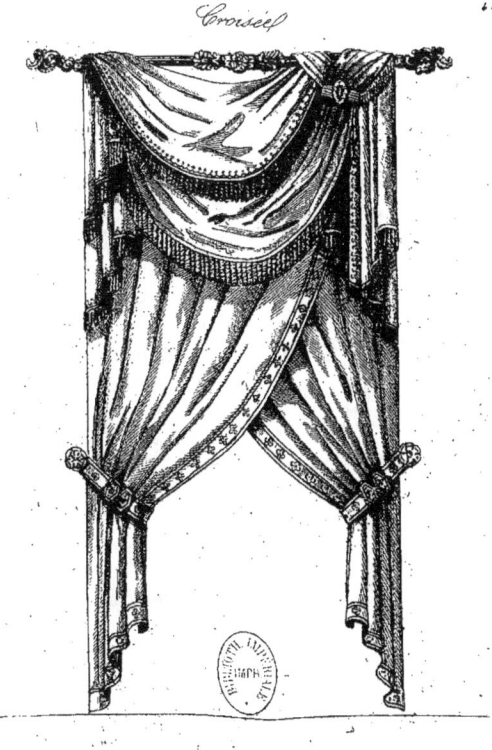

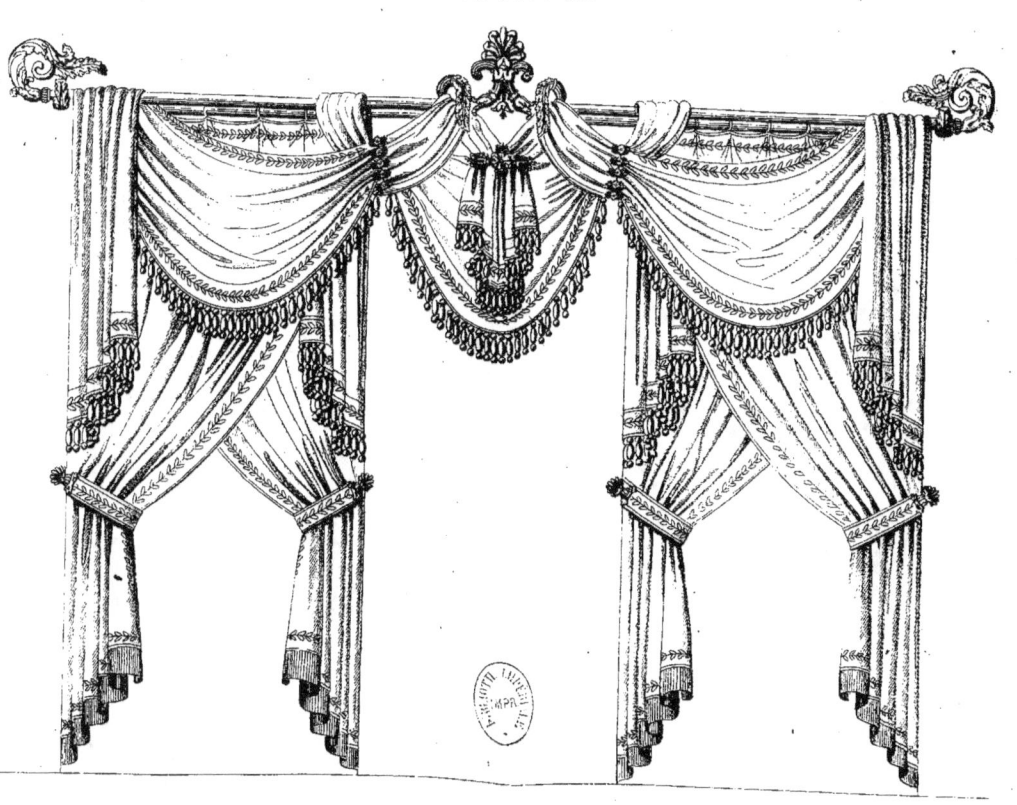

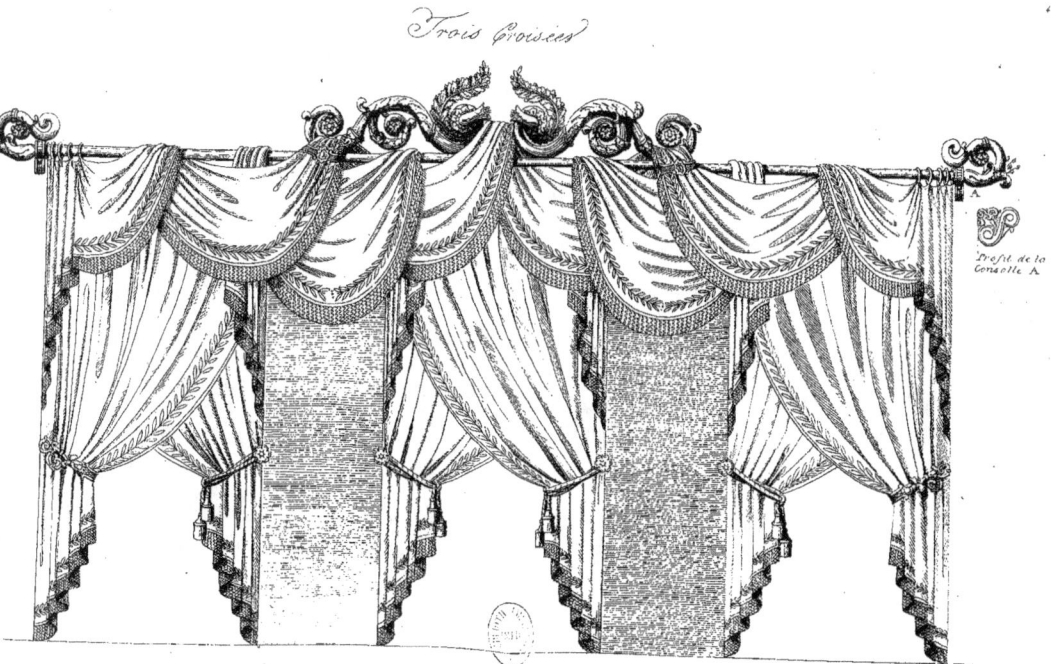

Berceau

Intérieur d'un Boudoir

*Intérieur d'un Salon.*

*Intérieur d'une Chambre à coucher.*

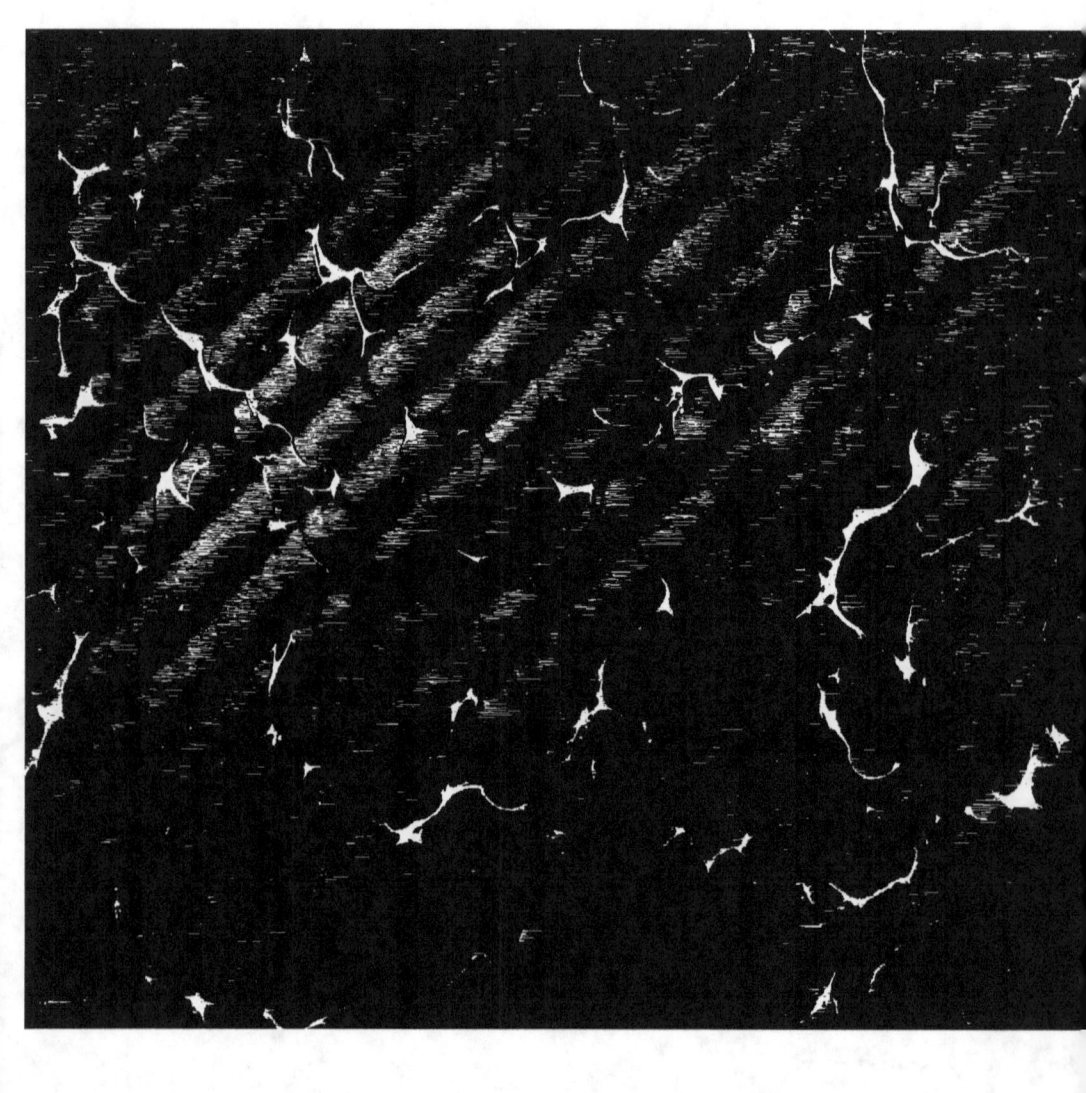

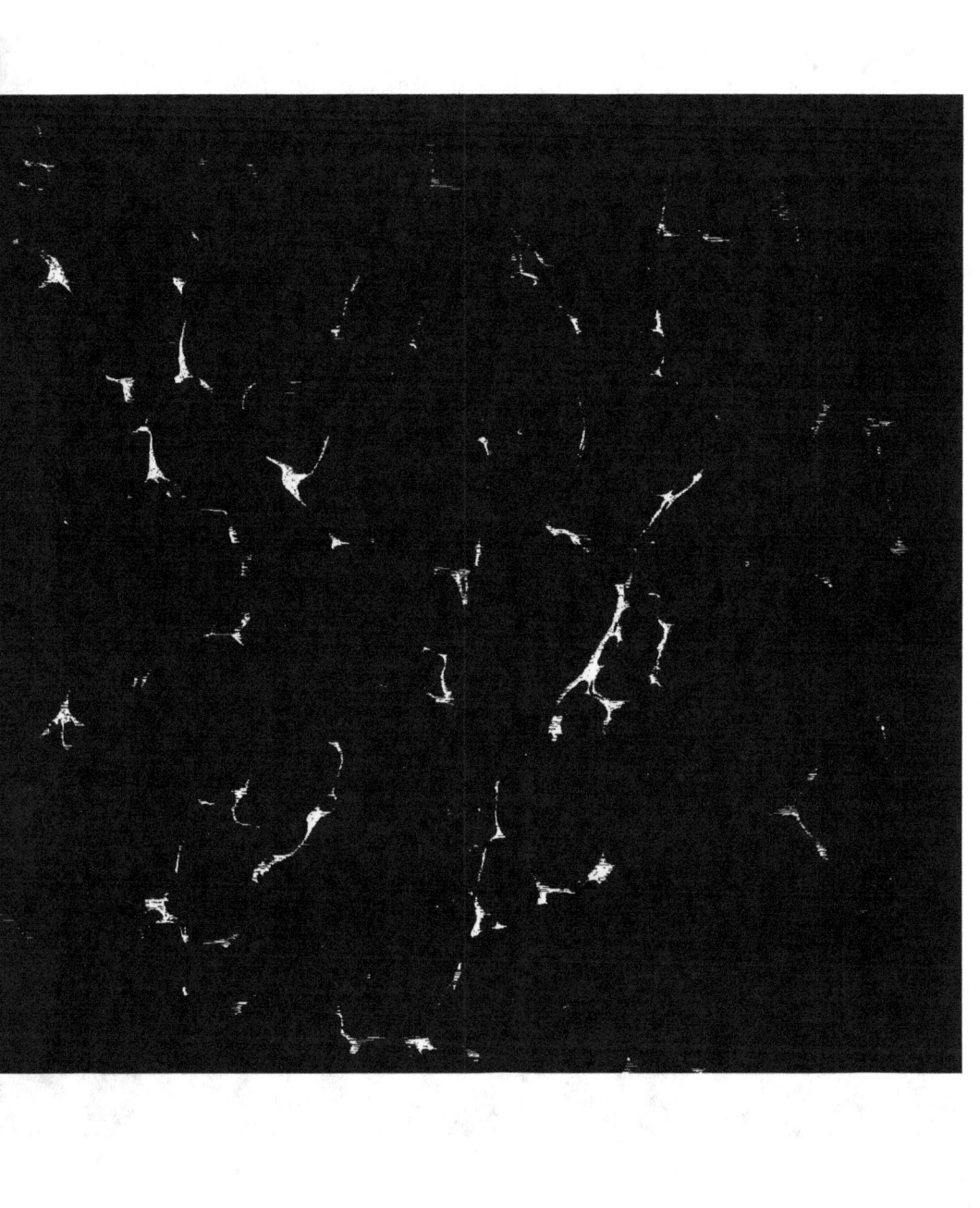

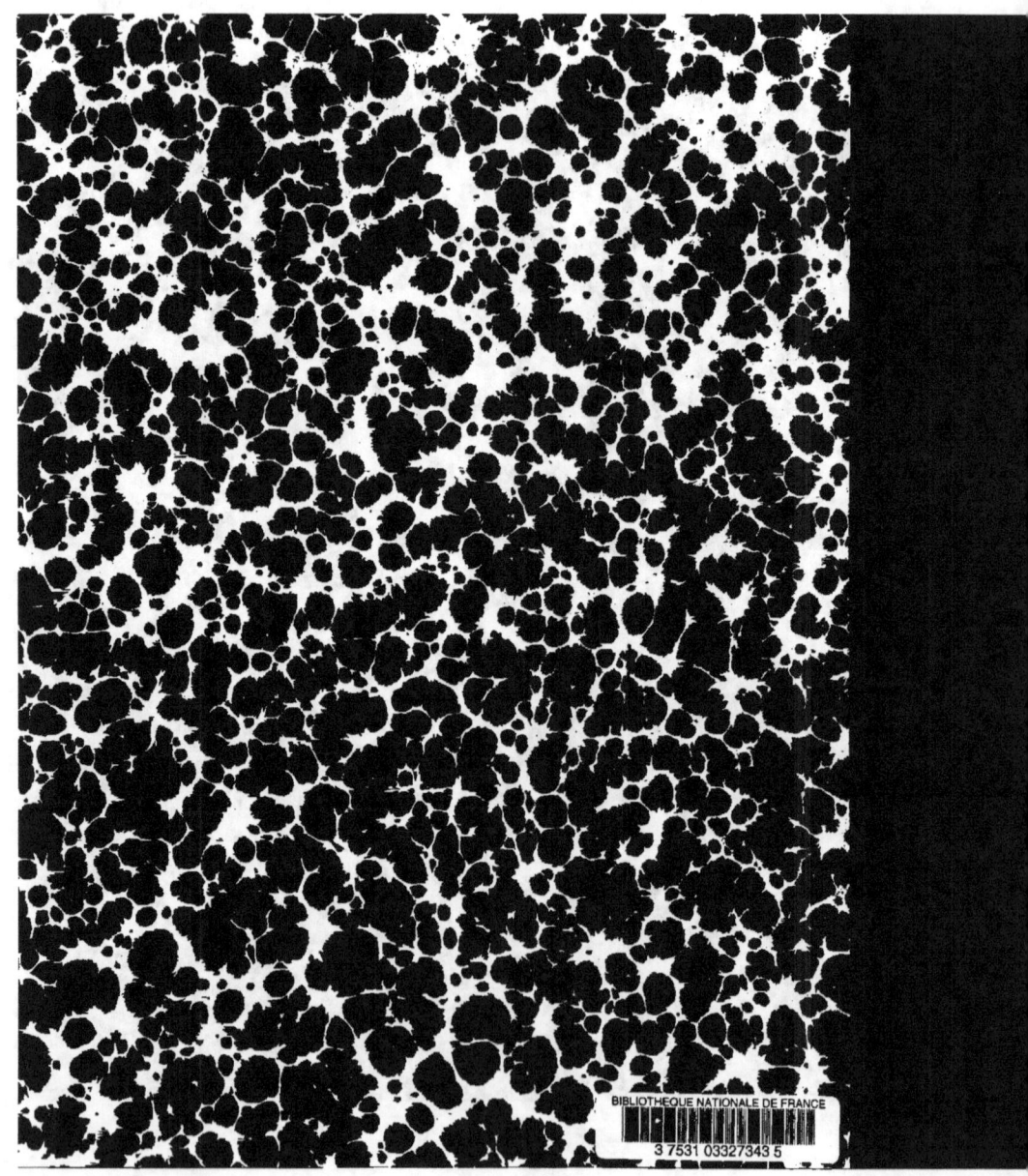

www.ingramcontent.com/pod-product-compliance
Lightning Source LLC
Chambersburg PA
CBHW071604220526
45469CB00003B/1111